Los pollitos no comen caramelos

Kelly Tills

Copyright © 2022 Kelly Tills

Edición de tapa blanda
ISBN: 978-1-955758-24-6

Edición de tapa dura
ISBN: 978-1-955758-61-1

Editado por FDI Publishing LLC. Todos los derechos reservados. Excepto para uso personal, ningún fragmento de esta publicación puede ser reproducido, distribuido ni transmitido en ningún formato ni a través de ningún medio, ni tampoco alojado en una base de datos o sistema de recuperación, incluidos todos los medios basados en internet, sin el permiso previo por escrito de la editorial. El incumplimiento de las leyes de derechos de autor puede dar lugar a acciones legales.

―――――――――

A division of FDġpublishing LLC

Lo más encantador
de los pollitos es que...

¡los pollitos no comen caramelos!

Las personas comen caramelos.
Las hormigas se comen los caramelos del suelo.

Hasta las vacas pueden comer caramelos
(pero prefieren la hierba).

¿Los pollitos comen

dónuts?

¡No!

Los dónuts son comida para personas.

¿Los pollitos comen

panqueques?

¡No!

Los tortitas también comida para personas.

¿Los pollitos comen gusanos?

¡Sí! A los pollitos les encantan los gusanos.

Pero,
¿por qué los pollitos no comen
caramelos?

La lengua sirve para saborear.

Puedes ver que en la lengua hay muchos puntitos.

Y dentro de estos puntitos hay puntitos aún más diminutos que no puedes ver.

Son las
papilas gustativas.

Hay diferentes tipos de papilas gustativas para percibir los distintos sabores.

Hay papilas para el sabor salado,

papilas para el sabor agrio

y papilas para el sabor dulce.

Los pollitos no tienen papilas gustativas para lo dulce.

¿Los niños tienen papilas gustativas para

Lo dulce?

Por supuesto.

Las mamás gallinas enseñan a sus pollitos cuáles son las comidas saludables. Igual que hacen las personas.

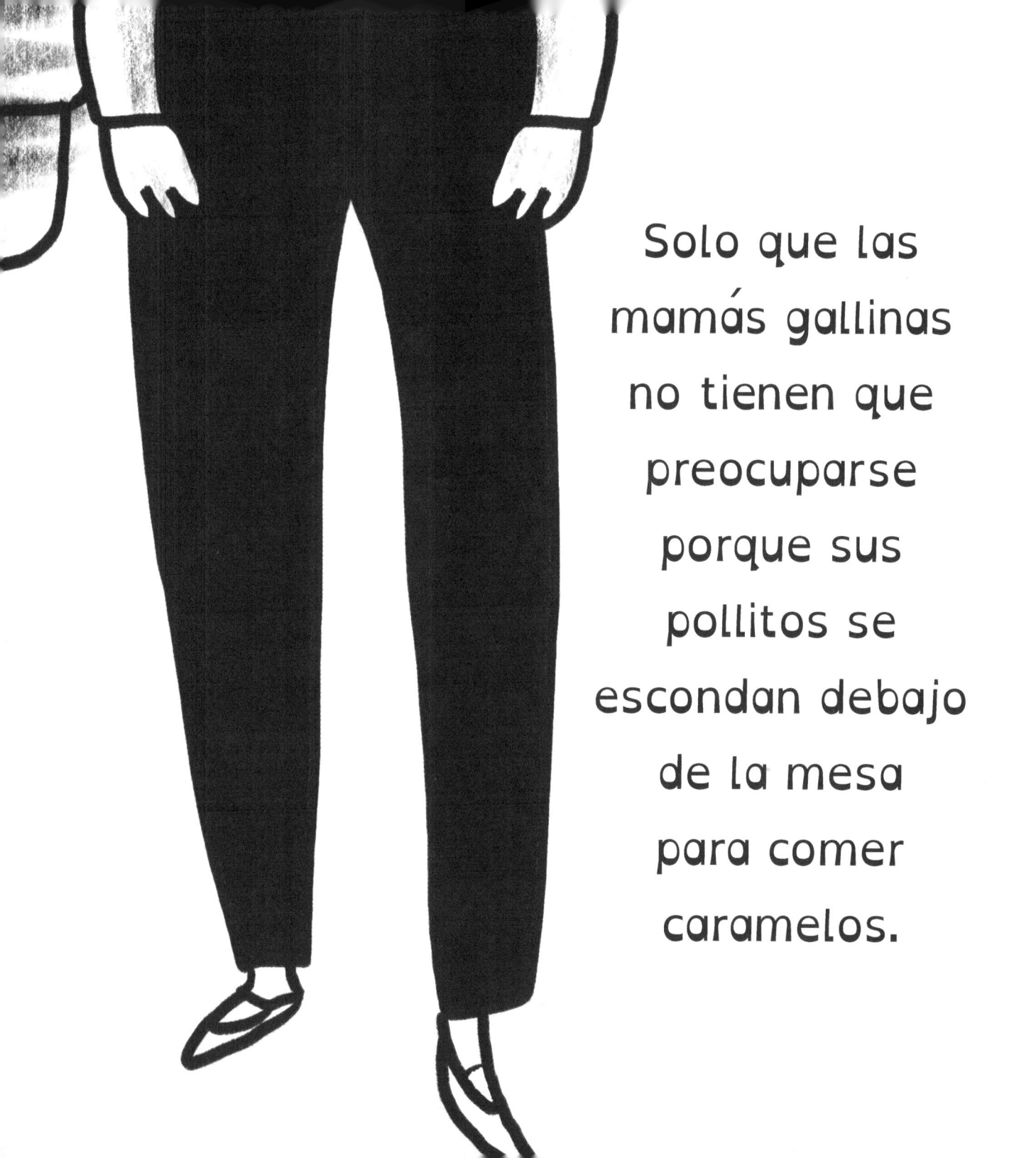

Solo que las mamás gallinas no tienen que preocuparse porque sus pollitos se escondan debajo de la mesa para comer caramelos.

Pero los pollitos podrían sconderse para comerse

mas gusanos,

o espaguetis,

Esto es lo más **encantador** de los pollitos.

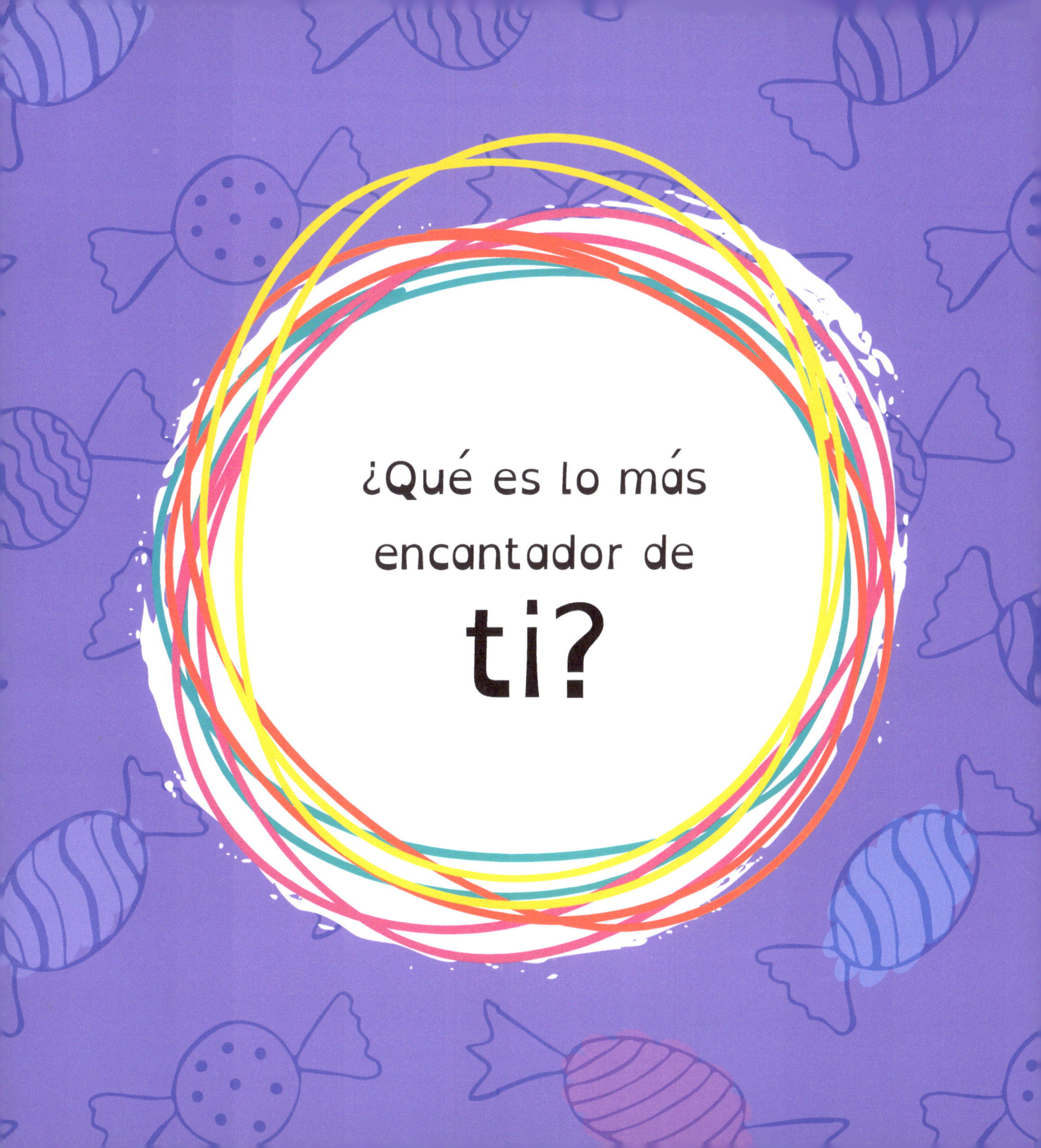

Bueno, en realidad...

las personas tienen miles de papilas gustativas, pero los pollitos solo tienen algunos cientos. Nosotros podemos percibir MUCHOS más sabores que ellos.

¡Qué increíble!

Diviértete con otros libros de la colección.

Sobre la autora

Kelly Tills escribe libros chistosos para niños y cree que el gesto más pequeño, en un libro simple, puede enseñar a los niños a conocer el mundo. Los cuentos de Kelly son ideales para leer en voz alta con niños pequeños o para que los niños más grandes lean por su cuenta (¡y así pueden practicar sus habilidades de lectura!). Kelly se enorgullece de ser miembro de la *International Dyslexia Association*.

Espero que este libro les haya hecho pasar un buen momento a ti y a tu humano pequeño. Para ayudar a otras personas a encontrar este libro y disfrutarlo, **deja una reseña**.

www.ingramcontent.com/pod-product-compliance
Lightning Source LLC
Chambersburg PA
CBHW041415010526
44107CB00016B/1182